TU N'EN REVIENDRAS PAS,
CHARLIE BROWN

Books by Charles M. Schulz available in Spanish

ADELANTE, CHARLIE BROWN

SNOOPY, VUELVE A CASA

HAY QUE AYUDARTE, CHARLIE BROWN

SIEMPRE A FLOTE, CHARLIE BROWN

TE VAS A DESNUCAR, CHARLIE BROWN

ERES INCREÍBLE, CHARLIE BROWN

Books by Charles M. Schulz available in French

VAS-Y, CHARLIE BROWN

REVIENS, SNOOPY

ÇA NE VA PAS, CHARLIE BROWN

L'INCREVABLE CHARLIE BROWN

TU N'EN REVIENDRAS PAS, CHARLIE BROWN

TU ES DANS LE VENT, CHARLIE BROWN

TU N'EN REVIENDRAS PAS, CHARLIE BROWN

A French Translation of
You'll Flip, Charlie Brown

par Charles M. Schulz

HOLT, RINEHART AND WINSTON
New York • Chicago • San Francisco

Published simultaneously in Canada by Holt, Rinehart
and Winston of Canada, Limited

ISBN: 0-03-086658-8

Printed in the United States of America

DÎNER!

JE NE SERAI PAS LÀ DEMAIN, SNOOPY, ALORS JE TE DONNE UN DÎNER SUPPLÉMENTAIRE...

JE TE CONSEILLE DE NE PAS ATTENDRE POUR LE MANGER...

AAUGH!

APRÈS TOUT, DEMAIN POURRAIT NE PAS VENIR!

QUAND TU SERAS GRAND, CHARLIE BROWN, TU LIVRERAS DES JOURNAUX ?

OUI... MAIS J'AIME- RAIS AVOIR MON PROPRE ITINÉRAIRE.

ALORS TU DOIS APPRENDRE À ROULER LES JOURNAUX POUR LES JETER EN PASSANT À LA PORTE DE TES CLIENTS...

TU VOIS, TU LE PLIES COMME ÇA, APRÈS LA DEUXIÈME COLONNE; ENSUITE, TU LE ROULES DE CETTE FAÇON, TU RENTRES CE PETIT COIN-LÀ ET TU TORDS LE TOUT...

MAINTENANT, TU ES PRÊT À...

... LE LANCER!

IL TE FAUDRA AUSSI OB- TENIR DES CLIENTS, SI TU VEUX UN CONSEIL, N'- HÉSITE PAS À M'APPELER.

MER- CI!

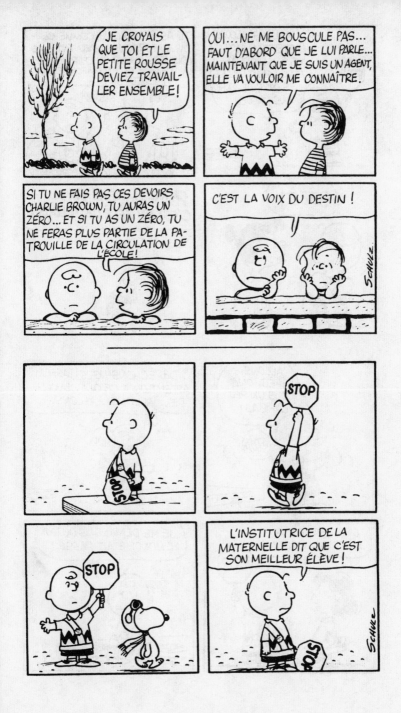

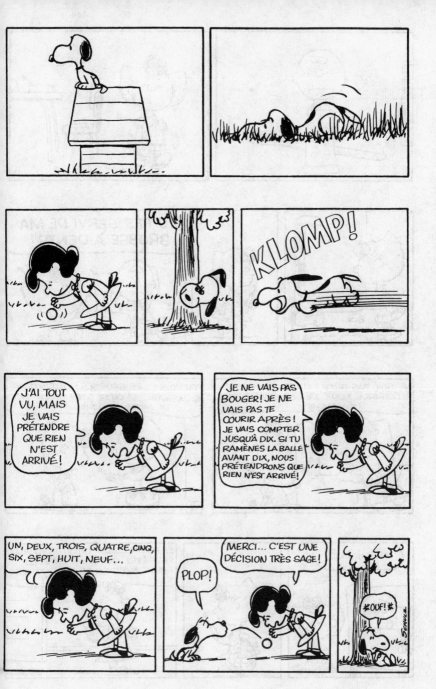

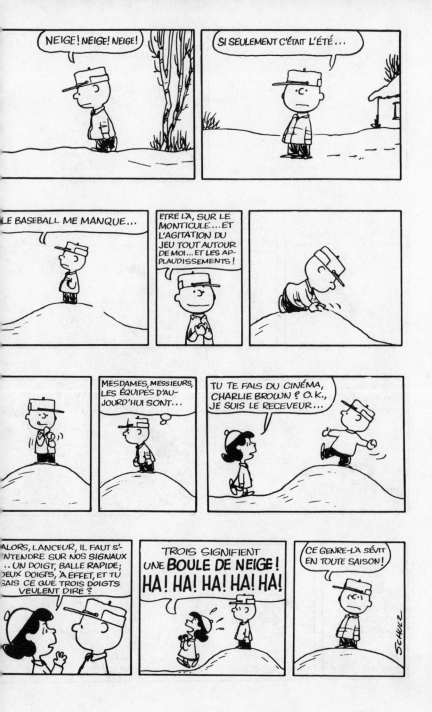

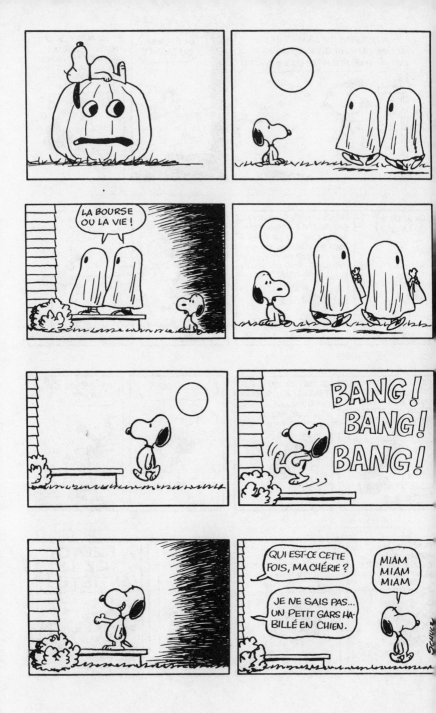